Werner Färber

Total klasse!
Klassenfahrt mit Stolpersteinen

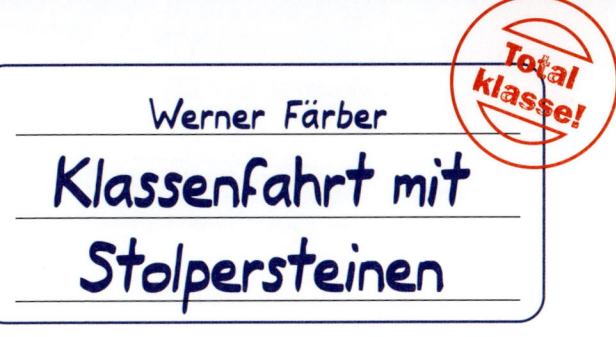

Werner Färber

Klassenfahrt mit Stolpersteinen

Total klasse!

Mit Bildern von Elisabeth Holzhausen

Hase und Igel®

Für Lehrkräfte gibt es zu diesem Buch
ausführliches Begleitmaterial beim Hase und Igel Verlag.

Weitere Bände dieser Reihe:
Total klasse! Die 3a unter Verdacht
Total klasse! Auf dem Schulweg erpresst
Total klasse! Die 3a im Fußballfieber
Total klasse! Die 3a im Weihnachtstrubel
Total klasse! Die 3a im Forscherfieber

natureOffice.com/DE-248-YLRZK15

MIX
Papier | Fördert
gute Waldnutzung
FSC® C018828

Dieses Buch erschien erstmals 2002 bei arsEdition, München.
Es wurde für diese Schulausgabe in Absprache mit dem Autor überarbeitet.

© 2008 Hase und Igel Verlag GmbH, Frei-Otto-Straße 18,
80797 München, service@hase-und-igel.de
www.hase-und-igel.de
Coverentwurf und Reihensignet: Margit Kratzl
Druck: F & W Druck- und Mediencenter GmbH, Holzhauser Feld 2,
83361 Kienberg, info@fw-medien.de

ISBN 978-3-86760-084-2
10. Auflage 2025

1. Kapitel

Rot, Gelb, Grün

„Los-fah-ren! Los-fah-ren! Los-fah-ren!", rufen die Mädchen und Jungen von den hinteren Sitzreihen des Reisebusses. Die Abfahrt nach Burg Borkenstein verzögert sich. Um 9.00 Uhr hätte es losgehen sollen. Inzwischen ist es halb zehn. Bis auf zwei sind alle pünktlich gewesen. Ulli, der mit seinem Vater in einen Stau geraten war, ist inzwischen eingetroffen.

Jetzt fehlt nur noch Xaver. Die Kinder der Klasse 3a werden allmählich ungeduldig. Frau Besenbinder ist vor wenigen Minuten zum Sekretariat gegangen, um von dort aus bei Familie Ippig anzurufen.

Endlich kehrt Besi, wie die Lehrerin häufig genannt wird, in den Bus zurück. „Ist Xaver mittlerweile aufgetaucht?"

„Ja!", brüllt Benno von hinten. Grinsend zwinkert er seinen Nebenleuten zu.

„Los-fah-ren! Los-fah-ren! Los-fah-ren!", rufen sie erneut.

„Stimmt doch gar nicht", sagt Katharina, die weiter vorne sitzt. „Xaver ist immer noch nicht hier."

„Zu dumm", sagt Frau Besenbinder. „Ans Telefon geht auch niemand."

„Wahrscheinlich sind die geplatzt!", ruft Zacharias und spielt damit auf den Körperumfang von Xaver und seiner Mutter an. Die meisten Kinder kringeln sich vor Lachen.

„Zacharias! Bitte!", sagt Frau Besenbinder. Kopfschüttelnd steigt sie wieder aus.

Bis auf eine Handvoll Mütter und Väter haben sich alle Eltern bereits von

ihren Kindern verabschiedet. Frau Besenbinder fragt die Anwesenden, ob jemand bei Ippigs nach dem Rechten sehen könnte. Im selben Moment erreicht Xaver den Parkplatz der Mühlberg-
Grundschule. Sein
Gesicht ist rot wie
ein Feuermelder,
seine Haare sind
klitschnass. Er ist
allein und hat nur
einen prall gefüllten
Tagesrucksack bei sich.

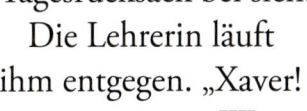

Die Lehrerin läuft
ihm entgegen. „Xaver!
Ist was passiert? Wo ist deine Mutter?"

„Mama kommt –", stößt er japsend hervor, „gleich nach. Sie muss – den schweren – Koffer tragen." Er hat Seitenstechen und presst die Hände in die Hüften. „Die Schlösser – kaputt – meine Sachen – alle rausgefallen."

Frau Besenbinder versteht nur die Hälfte von dem, was er sagt. Aber nun kommt auch seine Mutter. Sie schleppt einen schlecht gepackten Koffer. Ein Hemdsärmel und eine halbe Socke hängen heraus. Das altmodische Ding wird von einem Gürtel zusammengehalten.

Frau Besenbinder eilt Frau Ippig entgegen, um ihr zu helfen. Atemlos entschuldigt sich Xavers Mutter bei der Lehrerin und erklärt die Verspätung. Sie und ihr Sohn hatten kaum die Wohnung verlassen, als der Koffer aufsprang. Xavers Sachen verteilten sich im Treppenhaus. Hastig sammelte er alles wieder ein. Seine Mutter suchte in der Wohnung nach etwas Brauchbarem, um den Koffer zuzubinden.

„Als wir an die Haltestelle kamen", erzählt Frau Ippig weiter, „war der Stadtbus weg und wir mussten die ganze Strecke laufen."

„Los-fah-ren! Los-fah-ren! Los-fah-ren!", rufen die Kinder erneut.

„Dann steig mal ein", sagt Frau Besenbinder und wuschelt Xaver die verschwitzten Haare.

Seine Mutter drückt ihm einen feuchten Abschiedskuss auf die Wange. Er klettert in den Bus. Drinnen wird er mit Pfiffen aus der letzten Reihe empfangen.

„Vorsicht! Der Bus kracht!", ruft Anton.

„Du hast sie wohl nicht alle", mault Benno Xaver an. „Wieso kommst du jetzt erst?"

„Weil er so fett ist!", ruft Zacharias.

„Das nächste Mal holen wir dich ab und rollen dich zur Schule", spottet Hanna. „Dann geht's schneller."

Die anderen lachen. Xaver ist wegen seiner Körperfülle Spott gewohnt. Er versucht ihn zu überhören. Meistens gelingt es ihm. Im Augenblick ist er jedenfalls froh, dass er die Abfahrt des Busses nicht verpasst hat. Er setzt sich auf einen der vorderen Plätze. Hinten wird ihm immer schlecht.

Sie haben die Stadtgrenze noch nicht erreicht, als die ersten ihren Reiseproviant auspacken. Xaver hat neben vier mit Wurst und Käse belegten Broten und drei Bananen auch noch jede Menge Süßigkeiten dabei.

Mit jedem Kilometer, den sich die Kinder von der Schule entfernen, wird die Stimmung besser. Fünf Tage Klassenfahrt, fünf Tage Abenteuer auf Burg Borkenstein! Es wird gesungen, herumgekaspert und gelacht.

Nachdem der Bus die Autobahn erreicht hat, knien sich Hanna, Benno, Vicky, Zacharias und Ulli auf die hinteren Sitze und schneiden den nachfolgenden Autofahrern Grimassen. Manche reagieren empört, andere lachen oder albern mit den Kindern herum, ehe sie den Bus überholen.

Nach knapp zwei Stunden greift die Busfahrerin zum Mikrofon. „So Kinder, gleich geht's runter von der Autobahn. Die letzte Strecke ist sehr kurvenreich. Damit ihr nicht durch den Bus kugelt, müsst ihr euch jetzt bitte wieder richtig hinsetzen."

„Hier kugelt nur einer", lästert Zacharias und erntet schallendes Gelächter.

Erst nach einer weiteren Ermahnung durch Frau Besenbinder nehmen die Kinder die Worte der Fahrerin ernst. Bald biegen sie ab auf eine schmale Bergstraße. Zwischen den hohen Bäumen tun sich mal zur linken, mal zur rechten Seite der Serpentinenstraße tiefe Abgründe auf. Es wird ruhiger im Bus. Die Fahrerin muss mächtig kurbeln, um die engen Kurven zu nehmen. Besi sitzt ganz vorne neben der Tür und klammert sich am Haltegriff fest.

„Wird dem Jungen da etwa schlecht?", fragt die Fahrerin nach einem Blick in den Rückspiegel.

Besi dreht sich um. Xaver sitzt zwei Reihen hinter ihr. Sein Gesicht ist käsig gelb. Auf dem

freien Platz neben ihm liegen drei Packungen: Geleebohnen, Ingwerplätzchen und Karamell- bonbons. Alle leer. Xaver atmet flach und schnell. Mit trübem Blick stiert er vor sich hin.

„Xaver?", fragt Frau Besenbinder. „Alles in Ordnung?"

Xaver schluckt. Er muss sich konzentrieren. Er schluckt noch einmal. „Ja", sagt er kaum hörbar und schluckt wieder.

„Da unten liegen Tüten", sagt die Fahrerin.

Frau Besenbinder ist klar, dass Xavers gehauchtes „Ja" zwar gut gemeint ist, mit der Wahrheit je- doch nichts zu tun hat. Sie schnappt sich eine Tüte, nestelt sie auf und hält sie Xaver im letzten Augenblick vors Gesicht.

Ein paar Kinder haben mitbekommen, dass ihrem Mitschüler schlecht geworden ist.

„Buach!", macht Ilona und wendet sich ab.

„Iih!", ruft Oskar.

„Xaver kotzt!", posaunt Dragan durch den Bus.

„Zu-ga-be! Zu-ga-be! Zu-ga-be!", feuert ihn die letzte Reihe an.

Xaver bekommt kaum etwas mit. Er fühlt nur Frau Besenbinders kühle Hand auf seiner heißen Stirn. Im Dämmerlicht zwischen den hohen Bäumen wirkt seine Gesichtsfarbe inzwischen grün. Damit hat Xaver die Farben einer Ampel von oben bis unten durch.

„Wir sind gleich da", versucht die Busfahrerin Xaver zu trösten. „Nur noch zehn Minuten."

Weder ihre Worte noch ihr aufmunterndes Lächeln über den Rückspiegel erreichen ihn. Erst als der Bus im Innenhof von Burg Borkenstein anhält und sich mit lautem Zischen die Türen öffnen, keimt bei Xaver die vage Hoffnung auf, doch nicht sterben zu müssen.

2. Kapitel

Auf die Betten, fertig, los!

Frau Besenbinder steigt mit Xaver aus und führt ihn über den Burghof, damit er ein wenig frische Luft schnappen kann. Der Rest der 3a wird von einem regelrechten Empfangskomitee begrüßt. Hausmeister Griesberg, ein Zivildienstleistender und die Köchin heißen die Kinder auf Burg Borkenstein willkommen. Und auch Anna Buchholz, eine Studentin, die während der Vorbereitungszeit schon zweimal in der Klasse war, erwartet die Kinder im Burghof. Anna ist mit dem eigenen Auto gekommen und wird Besi während des Aufenthalts unterstützen.

„Nehmt bitte eure Koffer und Taschen", fordert sie die Kinder auf. „Ich zeige euch, wo ihr schlafen werdet. Wir haben ja schon in der Schule besprochen, wer mit wem ein Zimmer teilt."

Über eine breite, abgetretene Holztreppe gelangen die Kinder in den ersten Stock. Dort gibt es zwei Zimmer mit jeweils fünf Betten. Eleonore, Naomi, Jana, Stefanie und Ilona nehmen das erste, Tina, Pia, Leo, Wolfram und Katharina quartieren sich im zweiten ein. Frau Besenbinders Zimmer liegt dazwischen. Das Fünferzimmer im nächsten Stockwerk wird von Qadir, Ulli, Ralf, Oskar und Gerit belegt. Im Sechserzimmer von Frederike, Corinna, Yvonne, Vicky und Hanna bleibt ein Bett frei. Die Studentin schläft im Dachgeschoss. Das danebenliegende Sechserzimmer wird von Benno, Anton, Zacharias, Murat und Dragan gestürmt.

„He, Mann, total klasse!", ruft Zacharias, als er ans Fenster tritt.

Von hier oben hat man einen fantastischen Blick über das gesamte Tal und auf den Burghof direkt unter ihnen.

„Da unten sind Besi und Üppig", sagt Murat.

„Arme Sau", meint Dragan bedauernd. „Meinem Bruder ist früher auch oft schlecht geworden."

Anton kennt kein Mitleid. „Üppig ist doch selber schuld, wenn er immer so viel frisst."

Vom Fenster aus können sie beobachten, wie der Reisebus durch das enge Tor den Hof verlässt. Besi verabschiedet winkend die Fahrerin und schlendert mit Xaver zu ihrem Gepäck. Was die beiden dort unten reden, bekommen die Jungen im Dachgeschoss natürlich nicht mit.

„Geht's wieder?", erkundigt sich Frau Besenbinder.

Xaver nickt, obwohl er noch immer ein wenig zittrig ist. Im Vergleich zu vorhin fühlt er sich allerdings wieder blendend.

„Wollen wir rein?", fragt Besi.

„Ja", krächzt Xaver heiser. Sein Hals fühlt sich von innen an wie ein Reibeisen.

Als sie ins Zimmer von Oskar, Gerit, Ulli, Ralf und Qadir kommen, sind dort alle Betten belegt. Das war so nicht abgesprochen. Letzte Woche haben sie auf Qadirs Geburtstag vereinbart, dass sie auf Burg Borkenstein ein Sechserzimmer haben wollen. Weil Xaver noch unten im Hof war, hat ihnen Anna offenbar versehentlich ein Fünferzimmer zugeteilt. Dafür hat sie das Sechserzimmer mit fünf Mädchen belegt. Mit fünf Mädchen will Xaver jedoch auf keinen Fall untergebracht sein.

„Da hat Anna wohl was verwechselt", meint Besi zu den Mädchen. „Ich fürchte, ihr müsst noch mal tauschen."

„Was?" – „Nein!" – „Bitte nicht!" – „Wir haben doch schon eingeräumt!", rufen alle durcheinander.

Eine Tauschaktion erscheint wirklich äußerst aufwendig. Frau Besenbinder fragt Xaver, ob es ihm etwas ausmacht, in einem anderen Zimmer zu schlafen. „Vielleicht ist im Dachgeschoss ja noch ein Bett frei."

Xaver zuckt mit den Schultern. Eigentlich ist es ihm ganz und gar nicht egal, wo er schläft. Aber was soll er machen? Wenn es nun einmal passiert ist …

Frau Besenbinder trägt seinen Koffer ins Dachgeschoss, Xaver stapft hinterher. „Ist bei euch noch was frei?", fragt sie oben.

„Ja, aber nicht für den", schnauzt Zacharias.

„Mensch, Üppig, hau ab", sagt Anton. „Sonst stürzt die Burg ein."

„Nun mal langsam, ihr beiden", sagt Besi streng. Sie schaut sich im Zimmer um. Die Koffer und Taschen der Jungen sind noch nicht ausgepackt. „Wenn ihr unter euch bleiben wollt, tauscht ihr am besten mit den anderen Jungs. Die haben ihre Sachen auch noch nicht ausgepackt."

„Nein, bitte nicht", sagt Murat. „Ich find's toll hier oben."

„Wieso tauschen?", widerspricht auch Benno. „Xaver kann doch bleiben."

Frau Besenbinder stellt den Koffer ab. „Ist das okay für dich?", fragt sie Xaver.

Zaghaft zuckt er mit den Schultern. Soll er sagen, dass er mit denen nicht zusammen sein will? Nein, das traut er sich nicht. Und das Zimmer selbst gefällt ihm ja. Drei Etagenbetten. Am liebsten würde er natürlich oben schlafen.

„Und wie gefällt es euch auf Burg Borkenstein?", fragt Frau Besenbinder in die Runde.

„Ist echt klasse hier", sagt Dragan.

Frau Besenbinder stellt sich ans Fenster. „Stimmt, toller Ausblick." Sie dreht sich um und schaut auf die Uhr. „Macht euch fertig. In einer Viertelstunde bekommen wir unser erstes Mittagessen."

„Darf ich oben schlafen?", fragt Xaver vorsichtig, nachdem die Lehrerin gegangen ist.

„Spinnst wohl", sagt Anton. „Wenn du durchbrichst, ist der unter dir platt wie ein Pfannkuchen. Hier, das Bett unter Dragan ist noch frei."

„Ich an deiner Stelle würde mir lieber ein anderes Zimmer suchen", sagt Zacharias kalt. „Wenn du unter Dragan schläfst, wachst du morgen auf und bist tot."

Xaver schluckt. „Tot? Wieso?"

Zacharias verzieht das Gesicht zu einem Grinsen. „Weil du erstickst. Dragan furzt wie ein Weltmeister."

„Pass auf, was du sagst", erwidert Dragan. „Sonst lernst du die hier kennen." Lachend hält er Zacharias eine Faust unter die Nase.

„He, die anderen sind schon unten", sagt Murat, der immer noch am Fenster steht.

Einen Moment später ist Xaver allein im Zimmer. Auch recht. So kann er wenigstens in Ruhe seinen Koffer auspacken.

Nach dem Mittagessen dürfen die Kinder die Burg und ihre Umgebung erkunden. Dabei stehen ihnen alle Richtungen offen. Nur durchs Haupttor, durch das sie gekommen sind, sollen sie das weitläufige Gelände nicht verlassen.

3. Kapitel

Schussfahrt mit harter Landung

Die 3a schwärmt aus, um die Gegend kennenzulernen. Die Kinder dürfen Ziegen, Hühner und Schweine in den großen Gehegen füttern. Auch die alte Schmiede in einem der vielen Nebengebäude kann jederzeit besichtigt werden. Wer möchte, tobt sich auf dem Waldspielplatz aus. Gleich hinter dem oberen Burgtor befindet sich die Koppel von Max und Moritz, den beiden Arbeitspferden. Yvonne, Stefanie und Corinna reißen Grasbüschel aus und versuchen sie an den Zaun zu locken. Ein Großteil der Jungen bleibt natürlich auf dem Bolzplatz hängen. Zacharias rennt ins Dachzimmer, um den mitgebrachten Ball zu holen.

Oskar, Ulli, Ilona und Naomi stoßen auf ihrem Streifzug auf ein Verlies, an dessen Wänden schwere Eisenketten hän-

gen. Das etwa zwei Meter tiefe und ebenso breite Kerkerloch lässt sich durch ein Eisengitter verschließen.

„Hier haben sie früher die Räuber und Banditen angekettet", sagt Ulli. „Wer nicht spurt, kommt auch heute noch da rein."

„Dann bist du wohl der Erste", sagt Naomi.

Ulli legt sich die Handeisen um die Gelenke und hängt sich in die Ketten. „Rettet mich", ächzt er. „Der König will mich den Drachen zum Fraß vorwerfen!"

Ilona schließt das Eisentor. Die Scharniere quietschen und ächzen. „Kein Schlüssel. Zu

dumm, sonst wären wir ihn endlich los", sagt sie zu den anderen.

Gut gelaunt ziehen sie weiter und entdecken

hinter der Schmiede einen alten Leiterwagen. Ulli hockt sich rein. „Wer zieht mich?"

„Zieh selber, Faulpelz", sagt Naomi.

Den Faulpelz will Ulli nicht auf sich sitzen lassen. „Los, Oskar. Wir ziehen die Mädchen", sagt er beim Rausklettern.

„Endlich mal eine gute Idee." Naomi quetscht sich mit Ilona in den Wagen. Die Jungen schnappen sich die Deichsel.

„Los, Tempo, ihr Ackergäule!" – „Sonst gibt's heute Abend kein Futter!", rufen die Mädchen. Obwohl es stetig bergauf geht, laufen Oskar und Ulli im Trab bis zur Anhöhe. Der Wagen rappelt und rumpelt über Schlaglöcher und Steine. Oben angekommen, lassen sich die beiden Jungen völlig fertig ins Gras fallen.

Naomi schüttelt den Kopf. „Die machen's nicht mehr lange."

„Was meinst du?", fragt Ilona. „Vielleicht sollten wir die alten Gäule lieber zu Salami verwursten lassen."

Naomi rümpft die Nase. „Iih."

„Euch zieh ich noch mal", mault Oskar.

„Erst faul in der Karre hocken und dann meckern", sagt Ulli.

„Auf dem Rückweg ziehen wir", erwidert Ilona grinsend.

„Berg runter ist ja einfach", meint Oskar.

„Wie wär's, wenn wir zusammen fahren?", schlägt Ulli vor.

„Das hält die Karre nie im Leben aus", sagt Ilona.

„Doch", meint Ulli.

Er wendet den Leiterwagen und setzt sich rein. Um den Wagen lenken zu können, klemmt er die Deichsel zwischen die Beine und stellt die Füße auf die Handgriffe. „Los, schiebt an und springt auf."

„Drei, zwei, eins, los!" Sie schieben den Leiterwagen an wie einen Schlitten. Nach wenigen Metern springt Ilona von links auf. Oskar folgt von rechts.

„Beeilung!", ruft Ulli zu Naomi nach hinten.

Doch das Tempo ist bereits zu hoch. Naomi lässt los und trabt hinter ihnen her.

„Jahuuu!", brüllt Ulli.

Mit zunehmender Geschwindigkeit rumpeln sie den Weg hinunter.

Oskar wird allmählich bang. „Vorsicht! Kurve! Wir sind zu schnell!"

Auch Ilona glaubt nicht mehr, dass Ulli das Gefährt unter Kontrolle hat. „Bremsen!", ruft sie.

„Wie denn?", schreit Ulli. „Wir müssen abspringen!"

Abspringen? Bei diesem Tempo? Oskar und Ilona zögern.

„Macht schon!", brüllt Ulli. „Sonst komm ich nicht raus!"

Oskar richtet sich auf, springt nach rechts in den Graben. Durch den Rückstoß seines Sprungs schlingert der Wagen nach links. Die Chance für Ilona. Zuvor wäre sie garantiert auf dem Asphalt gelandet. Nun schafft sie es bis auf die Wiese. Sofort rappeln sich beide wieder auf und rennen mit Naomi hinter dem rasenden Leiterwagen her.

„Spring, Ulli! Schnell!"

Ulli muss sich jedoch erst aus seiner Sitzposition winden. Endlich gelingt es ihm aufzustehen.

Er will gerade springen, als der Leiterwagen aus der Kurve getragen wird. Er rumpelt über die Weg-kante und verschwindet zwischen den Bäumen.

„Ulli!"

Keine Antwort. Die drei rennen zur Kurve und sehen tief unten die Straße, auf der sie vorhin angekommen sind.

„Ulli?"

Schweigen. Oskar klammert sich an einen Ast und beugt sich vor. „Da! Der Leiterwagen. Zwischen den Bäumen. Ganz unten!"

„Und Ulli?", fragt Ilona.

„Keine Ahnung. Los, wir müssen da runter", antwortet Oskar.

„Wie willst du das denn machen?", fragt Naomi.

„Ich hole Besi", sagt Ilona.

„Bring ein Seil mit", meint Oskar.

„Ein Seil?", meldet sich plötzlich Ulli zu Wort. „Wozu?" Er tritt hinter einem dicken Baum hervor und klopft sich in aller Ruhe den Dreck von der Hose.

Naomi fällt ein Stein vom Herzen. Ulli ist nichts passiert.

Ilona dagegen funkelt ihn wütend an. „Idiot. Wir stehen hier rum und haben Angst, dass dir was passiert ist", schnauzt sie ihn an.

„Vorhin wolltest du mich noch loswerden", sagt Ulli. Er wirft einen Blick in den steilen Abgrund. „War wirklich verdammt knapp. Fast wäre ich volle Suppe da runtergedonnert."

„Wie kriegen wir die Karre jetzt wieder hoch?", fragt Naomi.

„Vielleicht kommen wir von unten besser ran", meint Ilona.

Von der Burg her läutet eine Glocke. Das Zeichen fürs Abendessen. Sie müssen die Bergung des Leiterwagens auf morgen verschieben.

Als sie auf dem Rückweg am Verlies vorbeikommen, tritt Xaver von innen ans Gitter. Wie ein Gefangener klammert er sich mit den Händen an die Eisenstäbe. „Lasst ihr mich bitte raus?", ruft er.

Sein Gesicht ist verschmiert von Staub und Tränen. Ein jämmerlicher Anblick. Trotzdem müssen die anderen lachen.

„Da wird sich der königliche Drache aber freuen", meint Ulli.

„Wie kommst du denn da rein?", fragt Ilona.

„Die haben mich eingesperrt", klagt Xaver.

„Wer *die?*", fragt Ilona.

„Zacharias und die anderen. Lasst mich doch bitte raus."

„Erst will ich wissen, weshalb sie dich eingesperrt haben", sagt Ulli. „Vielleicht hast du's ja verdient."

„Halt doch den Mund", fährt Ilona Ulli an. Xaver ist drauf und dran, wieder loszuheulen.

„Wo haben die denn den Schlüssel gefunden?", fragt sie ihn.

Xaver schnieft. „Es gibt keinen. Die haben nur diesen Balken festgeklemmt. Ich komm von innen aber nicht ran."

Xaver atmet erleichtert auf, als er wieder draußen ist. Stumm erträgt er auf dem Rückweg die Scherze der anderen.

Vor dem Speisesaal bleibt er stehen. „Könntet ihr …", fragt er zögernd.

„Was?", fragt Oskar.

„Nichts verraten", antwortet Xaver leise. „Dass ich geheult hab und so."

„Klar", sagt Oskar, „kein Problem."

Naomi und Ilona nicken.

Ulli zögert. „Wenn's sein muss."

„Danke", flüstert Xaver.

4. Kapitel

Durstige Burggespenster

Während des Essens heult Frederike plötzlich in ihren Teller.

„Was ist denn jetzt kaputt?", fragt Vicky, die neben ihr sitzt.

Hanna schiebt Frederike den Salzstreuer hin. „Wenn du Salz brauchst, nimm lieber den hier."

„Lass mich", faucht Frederike.

Es gibt Spaghetti mit Tomatensoße. Frederike verträgt keine Tomaten. Sie bekommt das große

Jucken, wenn sie welche isst. Obwohl sie Hunger hat, traut sie sich nicht, etwas zu sagen. Und nun steigt plötzlich ganz viel Heimweh in ihr hoch.

Frau Besenbinder kommt an den Tisch. „Lass uns mal an die frische Luft gehen." Sie begleitet Frederike aus dem Saal.

Die anderen drehen die Köpfe nach ihnen um. Für einen Moment wird es still.

„Heulsuse", zischt Vicky.

Kaum ist die Tür zu, schwillt der Lärm wieder an. Als Frederike zehn Minuten später mit einem neuen Teller Spaghetti aus der Küche kommt, ist die Welt scheinbar wieder in Ordnung. Ein Klecks Butter und ein wenig Basilikum anstelle der Tomatensoße sind die Lösung des Problems.

Nach dem Essen wird gemeinsam abgeräumt. Der Abwasch wird reihum erledigt. Jedes Zimmer hat während der fünf Tage zweimal Küchendienst. Im Anschluss an die Pflichten folgt der gemütliche Teil. Auf Burg Borkenstein gibt es einen Kicker und einen Billardtisch, einen Tischtennisraum, eine Bücherei und ein Zimmer mit Brett- und Kartenspielen – für jeden etwas.

Schließlich liest Besi noch eine Gutenachtgeschichte und macht dann einen Rundgang durch alle Zimmer. Die meisten schlafen schnell ein. Es ist spät geworden. Nur die Jungen im Dachzimmer versuchen, noch wach zu bleiben. Sie haben sich gleich für die erste Nacht ein paar Streiche vorgenommen.

„Sollen wir?", flüstert Dragan, als in der Burg Stille eingekehrt ist.

„Ich denke, die schlafen alle", antwortet Anton.

„Also los, Leute", flüstert Zacharias.

Murat und Benno, die auch mit von der Partie sein wollten, atmen ruhig und regelmäßig. Dragan rüttelt Murat sanft am Arm. Nichts passiert.

„Lass sie", sagt Zacharias.

Anton kichert. „Unser Elefantenbaby schnarcht wie eine Motorsäge. Der bekommt morgen eine Wäscheklammer auf die Nase."

„Ich nenne das Ruhestörung", sagt Zacharias. „Zur Strafe ist er als Erster dran." Im matten Schein des Mondes bemalt er Xavers Gesicht mit Zahnpasta. Xaver atmet zweimal ein wenig schneller und schläft dann seelenruhig weiter. Zacharias geht zum nächsten Opfer. Doch Murat dreht sich genau im richtigen Moment mit dem Gesicht zur Wand. Benno schläft mit der Bettdecke über dem Kopf. Keine Chance.

Anton, Zacharias und Dragan ziehen weiter. Zu dritt schleichen sie die Treppe hinunter. Im nächsten Zimmer wird noch getuschelt. Doch im ersten Mädchenzimmer ist alles still. Dragan greift soeben nach der Klinke, als die Tür aufgeht. Den drei Jungen bleibt fast das Herz stehen. Ilona, die noch mal zur Toilette muss, erstarrt vor Schreck. Den Schrei, der sich aus ihrer Kehle löst, kann sie nicht unterdrücken. Sekunden später gehen die Lichter an. Besi und Anna stehen im Flur und fragen natürlich, was los ist.

„Wir wollten nur was trinken", stammelt Anton.

„Zu dritt?", meint Besi zweifelnd. „Einer hält das Glas, der zweite die Flasche und der dritte schluckt? Ab ins Bett, ihr Burggespenster, sonst kommt ihr morgen nicht aus den Federn."

„Wir haben aber Durst", sagt Zacharias.

„Im Waschraum gibt es Wasserhähne. Ihr seid doch sonst auch nicht so pingelig."

Unverrichteter Dinge kehren sie ins Dachzimmer zurück. Von ihrem nächtlichen Streifzug hatten sie sich mehr erhofft.

5. Kapitel

Trick siebzehn

Am nächsten Morgen ist Xaver schon wieder Letzter. Die anderen sitzen längst beim Frühstück, als er im Speisesaal auftaucht. Er hat zwar keine Zahnpasta mehr im Gesicht, doch wer genau hinsieht, erkennt rote Flecken auf Stirn und Wangen. Die Zahnpasta hat die Haut über Nacht gereizt und gerötet. Seine Augen sehen verheult aus.

„Was ist mit dir, Xaver?", fragt die Lehrerin.

Xaver zuckt mit den Schultern. „Nichts. Hab nur meine Schuhe nicht gefunden."

Besi mustert ihn aufmerksam. Seit der Ablehnung durch Anton und Zacharias bei der Zimmerverteilung hat sie das Gefühl, dass Xaver mehr Spott abbekommt, als er vertragen kann. „Hat jemand die Schuhe versteckt?", fragt sie.

Er schüttelt den Kopf. „Hab sie gestern Abend im Waschraum vergessen."

„Na, wenn das so ist", sagt Besi und holt sich noch einen Kaffee aus der Küche.

Da es bereits seit dem frühen Morgen in Strömen regnet, wird der geplante Orientierungslauf verschoben. Die Kinder ziehen in den Veranstaltungsraum, wo Besi, Anna und Sebastian, der Zivildienstleistende, Spiele anbieten. Im Lauf des Vormittags hellt es auf und nach dem Essen verkündet Besi, dass der Orientierungslauf beginnen kann.

Während die Lehrerin den Hausmeister, die Köchin und den Zivi zusammentrommelt, weil die als Begleitung für die Gruppen gebraucht werden, erklärt Anna den Ablauf: „Jedes Zimmer bildet eine Gruppe."

„Das ist gemein!", ruft Zacharias und auch die anderen Jungen aus dem Dachzimmer protestieren. „Üppig ist so lahm, da haben wir echt null Chance."

„Es geht nicht allein ums Tempo", erwidert Anna. „Unterwegs gibt es Rätsel zu knacken und Fragen zu beantworten."

„Noch schlimmer", mault Anton, „so doof wie der ist."

„Ihr seid gemein!", schimpft Eleonore. „Immer müsst ihr auf Xaver herumhacken."

„Dann nehmt ihr ihn doch", blafft Anton.

Schweigen.

„Aber erst die Klappe aufreißen", meint Zacharias, nachdem klar ist, dass keiner Xaver haben will.

Xaver selbst beißt die Zähne zusammen. Warum hat er sich bei der Zimmerverteilung nicht gewehrt? Mit Qadir, Ulli, Ralf, Oskar und Gerit wäre er bestimmt prima klargekommen.

Die Studentin fährt mit ihren Erklärungen fort. Als Besi mit den drei Mitarbeitern der Burg zurückkehrt, hält Anna gerade fünf Briefumschläge hoch. „Hier drinnen findet ihr die erste Aufgabe und die Wegbeschreibung zur ersten Station. An der liegt für jede Gruppe ein weiterer Umschlag, mit dessen Hilfe ihr wiederum zur nächsten Station gelangt."

In den Gruppen wird aufgeregt getuschelt. Anna schnappt einzelne Worte auf, wie „mitnehmen" und „keine Chance mehr".

„Die Umschläge zu klauen, macht keinen Sinn", sagt Anna schmunzelnd. „Eure Begleiter haben nämlich Ersatzumschläge dabei." Das Tuscheln hört wieder auf. „Für jede richtige Antwort gibt es eine Gutschrift auf die Gesamtzeit. Alles klar?"

„Wie viele Stationen sind es?", fragt Leo.

„Sechs."

„Kinderkram", sagt Zacharias. „An meinem Geburtstag hatten wir zehn."

„Für dich stehen die Sieger wohl schon fest?", meint Besi amüsiert.

Zacharias nickt. „Klar." Im Flüsterton wendet er sich an Benno und Anton: „Wir müssen nur zusehen, dass wir Üppig loswerden."

In ausgeloster Reihenfolge sollen die Gruppen im Abstand von fünfzehn Minuten starten. Eleonore, Naomi, Jana, Stefanie und Ilona haben die Nummer 1 gezogen. Begleitet werden sie von der Köchin, die möglichst schnell wieder zurück sein möchte. „Sonst gibt es nämlich heute Abend nichts zu essen."

„Dann sollten Sie lieber mit uns gehen", tönt Zacharias, der für sein Zimmer die Startnummer 4 gezogen hat. „Wir holen sowieso alle ein."

„Kleiner Angeber, was?", sagt die Köchin.

„Nein", raunt Eleonore, „ein großer."

Punkt zwei Uhr überreicht Besi im Hof den ersten Umschlag.

Ilona ist so aufgeregt, dass sie ihn nicht aufbekommt. „Mach du", sagt sie und gibt ihn an Jana weiter.

Jana holt den Zettel heraus und faltet ihn auseinander. Die Mädchen stecken die Köpfe zusammen. Sie laufen los, bleiben mitten im Hof noch einmal stehen und sehen sich um. Erst dann rennen sie weiter. Natürlich beobachten die anderen Gruppen, in welche Richtung sie verschwinden. Fünfzehn Minuten später machen sich Ulli, Ralf, Oskar, Gerit und Qadir mit Hausmeister Griesberg auf den Weg.

Frederike, Corinna, Yvonne, Vicky und Hanna werden von Anna begleitet. Nach einer weiteren Viertelstunde starten Benno, Anton, Murat, Zacharias, Dragan und Xaver. Ihnen ist Sebastian zugeteilt. Die Jungen aus dem Dachzimmer rennen los, ohne den Umschlag geöffnet zu haben. Nachdem alle zum selben Tor hinausgerannt sind, schlagen sie ebenfalls diesen Weg ein. Sie machen ordentlich Tempo. Xaver gibt sich alle

Mühe dranzubleiben. Doch dann muss er anhalten, um einen Stein aus dem Schuh zu holen. Erst will er rufen. Aber nein – sie würden sowieso nicht warten. Auf ihn schon gar nicht. Schuh aus, Stein raus, Schuh an, zubinden und los. Zwar hat er seine Gruppe längst aus den Augen verloren, aber er will sie aus eigener Kraft wieder einholen.

Ohne sich weiter um Xaver zu kümmern, erreichen die anderen fünf die erste Wegkreuzung. Erst hier öffnet Anton den Umschlag. „Verlasst den Burghof durch das Tor, an dessen linker Seite eine Birke steht", liest er laut.

„Wissen wir schon", sagt Zacharias. „Weiter."

„Während ihr den Burghof durchquert, zählt die Fenster auf der linken und der rechten Seite."

„Mist", sagt Murat. „Das haben wir nicht gemacht."

„Wo ist das Problem?", fragt Zacharias. „Zählen wir sie eben, wenn wir zurück sind."

„Das hilft nichts", sagt Anton, der schon weitergelesen hat. Er liest die nächsten Sätze noch einmal laut: „Wenn ihr das Burggelände verlassen habt, erreicht ihr nach zehn bis fünfzehn Minuten die erste Kreuzung."

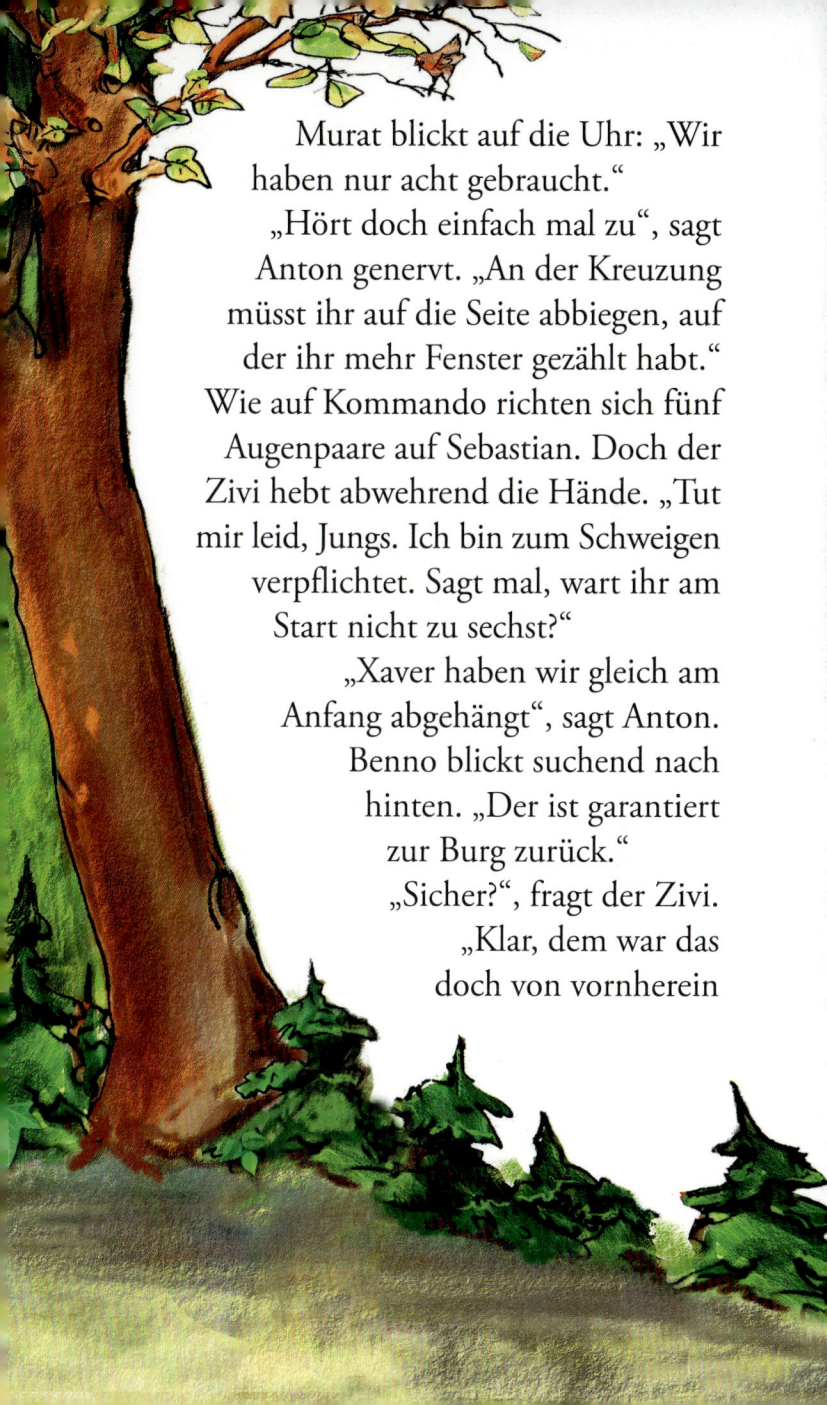

Murat blickt auf die Uhr: „Wir haben nur acht gebraucht."

„Hört doch einfach mal zu", sagt Anton genervt. „An der Kreuzung müsst ihr auf die Seite abbiegen, auf der ihr mehr Fenster gezählt habt." Wie auf Kommando richten sich fünf Augenpaare auf Sebastian. Doch der Zivi hebt abwehrend die Hände. „Tut mir leid, Jungs. Ich bin zum Schweigen verpflichtet. Sagt mal, wart ihr am Start nicht zu sechst?"

„Xaver haben wir gleich am Anfang abgehängt", sagt Anton. Benno blickt suchend nach hinten. „Der ist garantiert zur Burg zurück."

„Sicher?", fragt der Zivi.

„Klar, dem war das doch von vornherein

zu anstrengend", sagt Zacharias. „Los, wir müssen weiter."

Sie stimmen ab, in welche Richtung sie laufen sollen. Allein Dragan will nach rechts. Die klare Mehrheit ist für links. Als Xaver die Kreuzung erreicht, sind die anderen bereits verschwunden. Er schaut sich um. Zehn Meter zur linken Hand liegt ein Zettel auf dem Weg. Xaver hebt ihn auf. Lesend geht er in dieselbe Richtung weiter. Doch bald bleibt er wieder stehen. Die anderen haben die falsche Richtung gewählt. „Halt!", ruft er. „Halt! Ihr seid falsch!"

Als er gestern allein im Burghof war, hat Xaver die Fenster gezählt. Einfach so. Deshalb ist er sich absolut sicher, dass auf der rechten Seite mehr Fenster sind als auf der linken. Doch was nutzt ihm sein Wissen? Jetzt, wo er einmal beweisen kann, was er draufhat, hört ihn keiner.

Plötzlich kommt ihm ein Gedanke: Vielleicht kann er die Ehre des Dachzimmers retten, indem er allein weitermacht. Ja, das ist seine Chance! Und wenn er noch so abgeschlagen ins Ziel kommt, kann er seiner Gruppe wenigstens die Zeitgutschrift für die richtigen Antworten liefern. Er kehrt um und läuft in die entgegengesetzte Richtung.

Bald gelangt er an einen mit Farbe markierten Baum, an dem er den Weg verlassen muss. Er kann die Spuren der vorherigen Gruppen erkennen. Durch Gestrüpp und Unterholz erreicht er einen Jägerstand. Xaver klettert hinauf.

Als er oben einen Umschlag vorfindet, ballt er die Hand zur Siegerfaust. Er liest die weiteren Anweisungen. Ein kurzer Blick übers Gelände und Xaver ist klar, wie er weitergehen muss: auf dem Trampelpfad am Zaun entlang, dann über die Viehweide und schließlich auf dem Waldweg weiter. Hastig klettert er vom Jägerstand.

Noch im Fallen bereut er seine Eile – Xaver stürzt, knickt um und knallt mit dem Hinterkopf gegen die Leiter. Funkelnde Sterne kreisen vor seinen Augen.

6. Kapitel

Besis Kraftakt

„Letzte Gruppe ist doof", mault Tina.

Besi lässt sich einfach nicht überreden, den Umschlag fünf Minuten früher rauszurücken. „Es muss schon gerecht zugehen", sagt sie.

Es ist kurz vor drei. Tina, Pia, Leo, Wolfram und Katharina haben die Warterei ziemlich satt.

„Kaugummizeit", sagt Katharina.

„Was für eine Zeit?", fragt Leo.

„Kaugummizeit. Sagt Mama immer, wenn etwas fürchterlich lange dauert", antwortet Katharina.

„Und wenn was schnell geht?", fragt Pia.

Katharina zuckt mit den Schultern. „Keine Ahnung."

„So, Kinder, Schluss mit Kaugummi." Besi überreicht den Umschlag. Aufreißen, Fenster zählen, los. Die Lehrerin bleibt ihnen auf den Fersen. Nach wenigen Minuten biegen sie an der Kreuzung rechts ab, um sich bald darauf am markierten Baum ins Unterholz zu schlagen.

47

Katharina und Wolfram laufen gut zwanzig Meter voraus. Es folgen Leo und Pia, Tina und Frau Besenbinder.

Plötzlich sackt Tina zusammen. Sie presst beide Hände auf die Augen und heult vor Schmerzen.

Besi kniet sich neben ihr hin. „Was ist denn, Tina?", fragt sie. „Wo tut es weh? Lass mal sehen."

„Auaaaah!", stößt Tina hervor. „Mein Auge! Auuuuuh!"

„Nimm mal die Hände weg", sagt die Lehrerin. „Schau mich an." Behutsam hebt sie Tinas Kopf.

Tina nimmt wimmernd die Hände weg, bekommt die Augen aber nicht auf. „Au, das brennt, das brennt! Ich kann nichts mehr sehen!"

Pia und Leo stehen hilflos daneben und wissen nicht, was sie machen sollen. Pia stehen Tränen in den Augen. Sie fühlt sich schuldig, weil sie Tina den Ast ins Gesicht hat schnalzen lassen. „Tut mir leid, Tina", sagt sie schniefend. „Das wollte ich nicht."

„War doch keine Absicht", sagt Besi, ohne aufzublicken. Sie zieht Tinas Augenlid hoch. „Ich bin ganz vorsichtig, ja?"

„Tut weh", schluchzt Tina.

„Glaub ich ja. Schau mich mal an", sagt die Lehrerin.

Tina muss immer noch blinzeln, kann aber durch den Tränenschleier endlich wieder sehen. „Wird besser", presst sie hervor. Als Wolfram völlig außer Atem zurückkehrt, kann sie die Augen bereits wieder offen halten.

„Frau Besenbinder!" Wolfram ringt nach Luft. Er ist mit Katharina weitergelaufen, ohne Tinas Unfall zu bemerken. „Xaver! Da vorne! Am Jägerstand!"

Die Lehrerin blickt erschrocken auf. „Was ist?"

„Xaver ist abgestürzt. Sein Bein. Er kann nicht laufen."

Frau Besenbinder fasst sich an die Stirn. „Geht heute denn alles schief?" Sie wendet sich an Tina: „Kann ich dich mit Pia und Leo allein lassen?"

„Glaub schon", antwortet Tina schniefend.

„Kommt einfach nach", sagt die Lehrerin und rennt mit Wolfram voraus zum Jägerstand.

„Was machst du denn hier ganz allein?", fragt Besi, als sie neben dem zweiten Patienten kniet.

„Die haben mich abgehängt", sagt Xaver. „Mein Knöchel, ich kann nicht aufstehen."

„Wie ist das passiert?", fragt die Lehrerin.

„Bin da runtergefallen."

Besi tastet vorsichtig seinen Knöchel ab. „Von ganz oben?"

„Nein, höchstens halb", sagt Xaver.

„Kannst du deinen Fuß bewegen?"

Xaver versucht ihn zu strecken. „Aua!" Er saugt Luft zwischen den Zähnen ein.

„Vermutlich eine Bänderdehnung", sagt Frau Besenbinder. „Tut dir noch was weh?"

„Mein Kopf. Hier hinten." Xaver neigt den Kopf nach vorne. An der Stelle, die mit dem Jägerstand Bekanntschaft gemacht hat, ist inzwischen eine dicke Beule gewachsen.

„Warst du bewusstlos?", fragt Besi.

Xaver schüttelt den Kopf. „Glaub nicht."

Obwohl ihn Wolfram und Katharina von beiden Seiten

stützen, ist es Xaver unmöglich, seinen Fuß zu belasten. Als Frau Besenbinder Xaver eröffnet, dass sie am besten ins Krankenhaus gehen, kullern ihm Tränen über die Wangen.

„Nur zum Nachsehen", versucht Besi ihn zu beruhigen. „Ich frag mich bloß, wie ich dich jetzt zur Burg bekomme."

„Wie wär's mit einem Rettungshubschrauber?", fragt Leo. Die drei Nachzügler sind inzwischen auch beim Jägerstand angelangt.

„Ein Hubschrauber ist vielleicht ein bisschen übertrieben", meint Besi.

„Ulli hat doch was von einem Leiterwagen erzählt", sagt Pia.

Leo knufft sie in die Seite. „Der taugt nichts", sagt er schnell. Es soll doch keiner wissen, dass die Karre den Berg hinuntergerumpelt ist.

Die Lehrerin seufzt. „Dann werde ich dich wohl tragen müssen."

„Xaver?" – „Tragen?" – „Das schaffen Sie nie", geht es durcheinander.

Doch Besi nimmt Xaver einfach Huckepack und stapft los. Die Kinder staunen. Dass die Lehrerin das Schwergewicht der Klasse so mühelos davonträgt, hätten sie ihr nicht zugetraut.

So mühelos, wie es aussieht, ist das Ganze aber nicht. Wie ein Kartoffelsack mit Armen hängt Xaver auf Besis Rücken. Unterwegs erzählt er, wie ihn die anderen abgehängt haben. Obwohl die Lehrerin nichts sagt, ist klar, wie sauer sie auf die Jungen aus dem Dachzimmer ist.

„Und der Zivi bekommt auch was zu hören", meint sie finster, als Xavers Bericht zu Ende ist. „Dich einfach zurückzulassen."

Verschwitzt und abgekämpft setzt Frau Besenbinder Xaver im Burghof auf eine Bank und lässt sich neben ihn sinken. Die erste Gruppe ist bereits zurück. Die Mädchen bestürmen die Lehrerin mit Fragen über diese und jene Antwort.

Besi winkt ab. „Später. Erst muss ich sehen, dass ich unsere zwei Patienten ins Krankenhaus bekomme."

„Ich soll auch ins Krankenhaus?", fragt Tina erschrocken.

„Ja. Ich möchte, dass sich jemand dein Auge ansieht."

Während Pia und Leo den Mädchen erzählen, was passiert ist, sitzen Xaver und Tina wie zwei Häufchen Elend auf der Bank. Sie wollen nicht ins Krankenhaus. Sie wollen bei ihrer Klasse bleiben.

„Nun lasst nicht gleich die Köpfe hängen", sagt Besi. „Wir fahren da hin, lassen euch kurz untersuchen und dann fahren wir wieder nach Hause."

„Nach Hause?", fragt Xaver.

„Hierher meine ich natürlich", erwidert die Lehrerin.

Im selben Augenblick entsteht beim Burgtor tumultartiger Lärm. Gleich drei Gruppen auf einmal sprinten um die Wette. Die Jungen aus dem Dachzimmer, die zufällig auf den richtigen Weg zurückgefunden haben, erreichen als Erste das Ziel. Es folgt die zweite Gruppe und schließlich die dritte.

„Wann seid ihr denn an uns vorbei?", wendet sich Zacharias atemlos an Wolfram.

„Wir mussten aufhören", antwortet Wolfram.

Anton reißt die Arme hoch. „Habt ihr das gehört? Dann haben wir sogar drei Gruppen abgehängt!"

Die Jungen aus dem Dachzimmer liegen einander in den Armen. Als sie dann auch noch anfangen über Xaver zu lästern, er hätte wohl keine Lust gehabt, seine Kilos durch den Wald zu schleppen, platzt Besi der Kragen: „Wenn ihr euch nicht augenblicklich bei Xaver entschuldigt, fahrt ihr noch heute nach Hause!", schimpft sie.

Plötzlich ist es mucksmäuschenstill im Burghof. „Ich habe diese 3a bis heute für einen tollen

Haufen gehalten", fährt die Lehrerin in einem leiseren, aber immer noch scharfen Ton fort. „Aber offenbar gibt es einige, die nichts Besseres zu tun haben, als immer über dieselben herzuziehen. Wenn ihr glaubt, dass ihr deshalb stark seid, täuscht ihr euch. Nichts ist billiger, als sich auf Kosten Einzelner einen Spaß zu machen." Sie atmet tief durch. Dann bittet sie Anna, die ebenso zerknirscht wirkt wie die Kinder, ihr für die Fahrt ins Krankenhaus das Auto zu leihen.

„Xavers Sachen sind nass geworden. Wer holt ihm was aus dem Dachzimmer?"

Stefanie und Oskar treten einen Schritt vor und fragen Xaver, was er braucht.

„Und das mit der Entschuldigung meine ich ernst", sagt Frau Besenbinder. Sie wartet jedoch nicht ab, ob die Betroffenen ihrer Aufforderung folgen, sondern bittet den Zivi, sie zu begleiten. Wegen seiner schlampigen Aufsicht hat sie auch für ihn noch ein paar deutliche Worte auf Lager.

„Mann, ist die sauer", sagt Leo. Von dieser Seite haben die Kinder ihre Lehrerin noch nicht kennengelernt.

Murat nimmt seinen ganzen Mut zusammen und reicht Xaver die Hand. „Tut mir leid", murmelt er.

„Mir auch", meint Benno.

Die übrigen Jungen aus dem Dachzimmer nicken, sagen aber nichts.

„Was ist eigentlich mit dir?", fragt Anton schließlich.

„Knöchel verstaucht", antwortet Xaver. Die Situation ist ihm entsetzlich peinlich. „Bin von der Leiter gestürzt und umgeknickt."

„Wenn ich so fett wäre, würde mein Knöchel das auch nicht aushalten", spottet Zacharias und grinst in die Runde.

Mit dem Aufruhr, den er mit dieser neuen Beleidigung auslöst, hat er allerdings nicht gerechnet. Mehrere Kinder gehen auf ihn zu. Ein paar schubsen und stoßen ihn sogar. „Ein echtes Arschloch bist du!" – „Idiot!" – „Du kapierst wohl gar nichts, Mann!" – „Pass auf, wenn Besi das erfährt!", rufen sie durcheinander.

Zacharias weicht zurück. „Ihr habt sie wohl nicht mehr alle. Darf man keinen Scherz mehr machen?"

„Das soll ein Scherz sein?", empört sich Ilona. „Dafür kriegst du eine glatte Sechs."

Zacharias zeigt ihr einen Vogel und lässt sie einfach stehen. Benno, Anton, Vicky und Hanna folgen ihm.

„Was hab ich denn gesagt, ey?", mault Zacharias. „Kann ich was dafür, dass der zu doof ist, um geradeaus zu laufen?"

7. Kapitel

Sprung in der Schüssel

Auf der Fahrt ins Krankenhaus legt Xaver das verletzte Bein quer auf die Rückbank. Tina kühlt seinen Knöchel mit einem Eisbeutel, den die Köchin aus der Küche gebracht hat.

Xaver beißt immer wieder die Zähne zusammen, wenn das Auto über ein Schlagloch rumpelt.

„Schlimm?", fragt Tina.

„Geht so", sagt Xaver wacker. „Das Eis tut gut."

Im Krankenhaus wird zunächst Xavers Beule abgetastet. „Ganz schönes Ei", sagt die Ärztin. „Warst du ohnmächtig?"

„Glaub nicht", antwortet Xaver. „Hab nur Sterne gesehen. Ich dachte immer, das sagt man nur so."

„Erst mal machen wir eine Röntgenaufnahme. Wir wollen sicher sein, dass du keinen Sprung in der Schüssel hast", sagt die Ärztin.

Nach Xavers Kopf wird auch noch sein Knöchel geröntgt. Dabei kommt Xaver erneut ins

Schwitzen. Sein Fuß muss hierfür in eine bestimmte Position gebracht werden. Er hat das Gefühl, jemand würde ihm ein Messer in den Knöchel rammen. Tina und Frau Besenbinder, die durch eine dicke Glasscheibe zusehen, wenden sich ab.

„Der Ärmste", sagt Tina. Ihr Auge ist längst untersucht. Bei ihr ist alles in Ordnung.

„Nur eine kleine Schürfwunde", hat die Ärztin zu ihr gesagt. „Hätte aber auch schiefgehen können."

„Sollen wir dich mit dem dicken Knöchel lieber nach Hause bringen, Xaver?", fragt die Lehrerin, während sie auf das Resultat der Röntgenuntersuchung warten.

„Nach Hause?", fragt er. Das will er auf keinen Fall. Was soll er zu Hause? Mama arbeitet morgens im Supermarkt, Papa schläft, wenn er von der Nachtschicht kommt. Außerdem will Xaver mitbekommen, was auf Burg Borkenstein passiert. „Ich will hierbleiben", sagt er leise.

Die Lehrerin zieht ihren Stuhl neben Xaver und nimmt den verletzten Schüler in den Arm. „Ich versteh dich ja. Aber wir gehen morgen ins Museum. Das ist viel zu anstrengend für deinen

Knöchel. Und die Wanderung am Donnerstag kannst du sicher auch nicht mitmachen."

„Dann bleib ich eben auf der Burg und lese", sagt er.

Langsam nickend presst Besi die Lippen aufeinander. „Na gut. Wir bekommen das irgendwie hin. Sobald wir wissen, was die Ärztin sagt, müssen wir aber wenigstens bei dir zu Hause anrufen."

Xaver ist erleichtert, als ihm mitgeteilt wird, dass er nur eine starke Bänderdehnung hat. „Tut bestimmt noch einige Zeit weh", sagt die Ärztin. „Aber mehr als ein Stützverband ist nicht nötig. Trotzdem müssen wir dich für eine Nacht zur Beobachtung im Krankenhaus behalten."

Xaver erschrickt. „Aber wieso denn?"

„Wenn jemand auf den Kopf gefallen ist", redet die Ärztin in sanftem Ton weiter, „wollen wir sicher gehen, dass es keine Gehirnerschütterung ist. Kein Grund zur Besorgnis."

„Ich will aber nicht allein im Krankenhaus bleiben", stößt Xaver hervor. „Ich hab immer nur Pech."

„Wir lassen dich nicht allein, Xaver", sagt Frau Besenbinder. „Ich bringe Tina zurück und komme ganz schnell wieder. Vielleicht kommt auch

Anna an meiner Stelle. Auf keinen Fall musst du allein hier übernachten."

„Ich kann auch bei dir bleiben", sagt Tina. Sie legt einen Arm um Xavers Schultern. „Und wenn du morgen immer noch keinen Sprung in der Schüssel hast, fahren wir zusammen zurück zur Burg."

Kurze Zeit später teilt ihnen die Ärztin mit, dass sie ein Dreibettzimmer haben können. Während Besi mit Annas Auto zur Burg fährt, um das Nötigste für die Nacht zu holen, bekommt Xaver einen Stützverband. Tina darf den Patienten anschließend im Rollstuhl ins Zimmer fahren. Damit Xaver nicht ständig auf fremde Hilfe angewiesen ist, bekommt er auch noch ein Paar Krücken. Unter Ächzen und Stöhnen wuchtet er sich aufs Bett. Grimmig stiert er vor sich hin.

„Wenn du weiter so kuckst, will ich doch lieber zurück zu den anderen", sagt Tina.

„Na und?", grummelt Xaver vor sich hin.

Tina stellt sich ans Fenster. Vielleicht war die Idee, Xaver Gesellschaft zu leisten, doch nicht so gut.

Die Tür geht auf, eine Schwester kommt herein. „Ihr habt heute bestimmt kaum was geges-

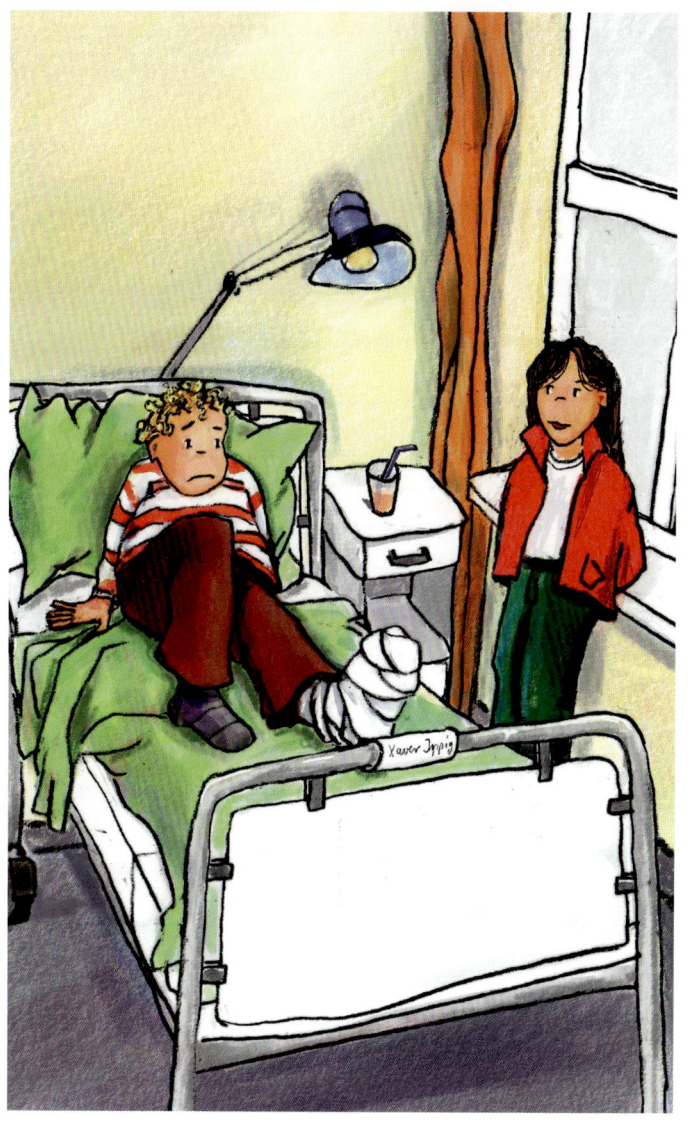

sen", sagt sie lächelnd und stellt ihnen einen Teller mit süßen Teilchen und Kuchen hin. „Oder sollen wir dich lieber auf Diät setzen?", wendet sie sich an Xaver.

Obwohl es vermutlich nicht böse gemeint war, findet Xaver die Frage der Schwester ganz und gar nicht witzig. Als sie wieder draußen ist, streckt er seine Zunge Richtung Tür.

„Wieso ärgerst du dich?", fragt Tina. „Die ist bloß neidisch. Die klappert doch beim Gehen."

Es dauert einen Moment, bis Xaver kapiert, was Tina meint. Die Schwester ist dürr wie eine Bohnenstange. „Jetzt wo du es sagst", meint er. Seine Gesichtszüge hellen sich auf. „Ich glaube, ich hab es auch klappern gehört."

Tina fängt an zu lachen. Sie kriegt sich gar nicht mehr ein. Richtig ansteckend ist das. Ob er will oder nicht, Xaver muss ebenfalls lachen. Zum ersten Mal seit vielen Stunden.

„Wo ist Tina?", fragt Pia, als Besi im Burghof allein aus dem Auto steigt.

„Sie bleibt bei Xaver im Krankenhaus, freiwillig. Sie behalten ihn für eine Nacht dort. Tina leistet ihm Gesellschaft", antwortet die Lehrerin.

„Hat er was Schlimmes?", fragt Leo besorgt.

„Eine dicke Beule und eine Bänderdehnung. In ein, zwei Wochen ist alles vergessen. Und wie geht's euch hier? Alles klar?"

„Na ja", sagt Leo. „Es hat Zoff gegeben. Ein paar haben über Xaver gelästert. Wolfram hat sich eingemischt und gesagt, sie sollen aufhören. Zacharias hat gesagt, dass er sich von keinem was vorschreiben lässt, und ihn umgestoßen. Plötzlich haben sich ganz viele gestritten und gerauft."

Die Lehrerin fasst sich an den Kopf. Sie versteht nicht, was in die Kinder gefahren ist.

„Anna, der Zivi und der Hausmeister sind dazwischengegangen", berichtet Pia weiter. „Herr Griesberg hat die Lästerer erst mal zusammengestaucht. Auf Burg Borkenstein sind solche Gemeinheiten nicht erwünscht, hat er gesagt."

„Und das hat geholfen?", fragt Besi zweifelnd.

„Zacharias hat gesagt, dass er sich von einem Hausmeister nichts sagen lässt", antwortet Leo.

Besi schüttelt den Kopf. „Ich fass es nicht."

Pia erzählt weiter. „Herr Griesberg hat dann ganz freundlich gesagt, dass Zacharias gerne seine Eltern anrufen kann, um sich abholen zu lassen. Da war er erst mal still."

„Und wie sieht es im Augenblick aus?", fragt Besi.

„Ein paar sind in ihren Zimmern, ein paar spielen Rundlauf an der Tischtennisplatte", sagt Leo.

„Die meisten sind mit dem Zivi auf dem Bolzplatz", fügt Pia hinzu. „Was machen wir morgen, wenn Xaver nicht laufen kann?"

„Das weiß ich noch nicht", antwortet die Lehrerin. „Mit ins Museum kann er wohl kaum. Habt ihr eine Idee?"

„Also", sagt Pia, „wir haben gedacht ..." Sie zögert.

Da sprudelt es aus Leo heraus: „Wenn wir wegen Xaver nicht ins Museum müssen, dann finden das bestimmt ganz viele gut. Sogar Zacharias. Das wäre doch gut für Xaver, oder?"

Besi zieht die Stirn in Falten. „Ist dieser Museumsbesuch denn wirklich so schlimm?"

Die beiden nicken. „Dazu hat wirklich niemand Lust", sagt Pia. „Wenn aber wegen Xaver übermorgen die Wanderung und das Grillen ausfallen, wären alle sauer."

„Dann müssen wir uns wohl was einfallen lassen", meint Besi.

8. Kapitel

Zwei Wagen am Himmel

Weil Besi glaubt, die Klasse in der augenblicklichen Krise nicht allein lassen zu können, fährt Anna zu Tina und Xaver ins Krankenhaus. Nach dem Abendessen spricht Besi die Ereignisse des Tages noch einmal an. Sie lässt nichts aus. Weder die gemeinen Lästereien noch die Rauferei vom späten Nachmittag. Obwohl sie keine Namen nennt, wandern viele Blicke zum Tisch der Jungen aus dem Dachzimmer.

„Da Xaver morgen bestimmt noch nicht richtig laufen kann, wenn er aus dem Krankenhaus kommt", sagt sie abschließend, „fällt unser geplanter Museumsbesuch wohl flach. Was könnten wir unternehmen, damit er mitmachen kann?"

„Fußball spielen!" – „Gruselnacht!" – „Ritterturnier!" – „Noch mal den Orientierungslauf!" – „Hauptsache, nicht ins Museum!", rufen die Kinder.

„Hm", macht die Lehrerin. Sie findet es schade, dass von den Kindern nichts kommt, womit

Xaver geholfen wäre. Aber schließlich haben alle einen anstrengenden Tag hinter sich – und sie hat auch selbst noch einige Ideen für ein Ersatzprogramm auf Lager.

Jetzt will sie mit den Kindern erst einmal zur geplanten Nachtwanderung aufbrechen. „Dann holt mal eure Jacken und Taschenlampen", sagt sie. „Vielleicht fällt uns unterm Sternenhimmel noch was ein, wobei Xaver mitmachen kann."

Wenig später bricht die 3a mit Laternen und Taschenlampen zum Nachtspaziergang auf. Als funkelnde, glitzernde Lichterschlange ziehen die Kinder in Begleitung der verbliebenen Erwachsenen singend zur Anhöhe oberhalb der Burg hinauf. Längst haben sich auch die letzten Wolken verzogen. Die Nacht ist klar. Am Ziel ihrer Wanderung löschen die Kinder die Lampen, um die Sterne noch besser erkennen zu können.

„Die Milchstraße! So hell!", staunt Wolfram.

„Weil es hier nicht so viel künstliches Licht gibt wie in der Stadt", erklärt Besi. Sie zeigt zum Himmel. „Seht ihr den besonders hellen Stern? Das ist der Polarstern. Der liegt genau im Norden. Er ist auch der äußerste Deichselstern des Kleinen Wagens. Könnt ihr ihn erkennen?"

„Au ja!" – „Da!" – „Ich seh ihn!", ruft ein Kind nach dem anderen. Ein paar haben keine Ahnung, wovon die Rede ist. Den Großen Wagen dagegen erkennen alle.

„Eine Sternschnuppe!", ruft Gerit.

Frederike sieht sie auch. Anton will auf dem Weg nach oben bereits fünf Stück gesehen haben. Das glaubt ihm allerdings keiner.

„Ich wünsch mir ganz fest", sagt Frederike, „dass Tina und Xaver morgen wieder bei uns sein können."

Für einen Moment herrscht Stille. Fast alle warten auf einen dummen Kommentar von Zacharias, Anton oder vielleicht auch von Vicky.

„Das ist lieb von dir", bricht Besi die Stille. „Ich glaube, das wünschen wir uns alle."

Leo sucht in der Dunkelheit nach Oskar. Es ist so viel über große und kleine Wagen geredet worden, dass ihm plötzlich eine Idee durch den Kopf geschossen ist – wie eine Sternschnuppe. „Habt ihr inzwischen den Leiterwagen geholt?", fragt Leo leise, als er Oskar endlich gefunden hat.

„Mist", antwortet der. „Den haben wir total vergessen."

Auf dem Weg nach unten lassen sich Oskar, Ulli, Ilona, Leo, Pia und Naomi ein wenig zurückfallen. An der Stelle, an der Ulli aus der Kurve getragen wurde, bleiben sie stehen. Mit ihren Taschenlampen leuchten sie das steile Gelände nach dem Leiterwagen ab.

„Ich seh ihn nicht", sagt Oskar.

„Dann holen wir ihn morgen früh", meint Leo. „Xaver könnte sich reinsetzen und wir ziehen ihn überall hin."

„Üppig ziehen? Das schafft keiner", sagt Ulli.

„Fängst du schon wieder an?", pflaumt Ilona das Lästermaul an.

„Sucht ihr was?", fragt plötzlich Herr Griesberg hinter ihnen.

Die Kinder trifft fast der Schlag. Ulli fällt vor Schreck die Taschenlampe aus der Hand. „Puh, haben Sie mich erschreckt!"

„Schlechtes Gewissen? Falls ihr den Leiterwagen sucht", sagt der Hausmeister, „der ist in der Werkstatt."

Leugnen bringt nichts. Sie senken betreten die Köpfe.

„Kinder, Kinder", sagt der Hausmeister. „Es ist doch so einfach: Wer etwas ausleiht, bringt es wieder zurück. Und wer was kaputtmacht, hat es zu reparieren."

„Ja, schon", sagt Oskar.

„Aber?", fragt Herr Griesberg.

„Wir kamen von oben nicht dran ...", erklärt Oskar.

„... und dann hat es zum Essen geläutet", fährt Ilona fort.

Der Hausmeister nickt. „Und dann habt ihr die ganze Sache vergessen. Warum sagt ihr nicht einfach Bescheid?"

Die Kinder wundern sich, dass der Hausmeister so ruhig bleibt, obwohl sie Mist gebaut haben. Der Schulhausmeister, Herr Pelzig, hätte sie längst angebrüllt und zum Rektor geschickt.

„Ist er sehr kaputt?", fragt Oskar kleinlaut.

„Das weiß ich noch nicht", antwortet Herr Griesberg. „Hab ihn selbst erst heute Abend gefunden."

„Wir würden ihn nämlich gern für Xaver benutzen", sagt Oskar.

„Damit er nicht laufen muss. Wir könnten ihn ziehen", erklärt Naomi weiter.

„Dann kann er wenigstens den Ausflug zum Grillplatz mitmachen", sagt Ulli.

„Ihr seid ja besser drauf, als man manchmal glauben möchte", meint Herr Griesberg. „Sollen wir uns den Schaden mal gemeinsam ansehen?"

Die Kinder brauchen keine zweite Aufforderung. Mit sechs Kindern im Schlepptau kehrt der Hausmeister schließlich in den Burghof zurück.

„Da seid ihr ja!", ruft der Zivi den Nachzüglern entgegen. Dann wendet er sich an den Hausmeister: „Die drei Mädchen hier haben eine tolle Idee." Er zeigt auf Yvonne, Stefanie und Corinna, die ziemlich aufgedreht wirken.

Herr Griesberg und der Zivi entfernen sich ein paar Schritte und unterhalten sich leise.

„Worum geht's denn?", fragt Oskar.

„Wird noch nicht verraten", antwortet Stefanie.

„Menno", mault Leo.

„Das klingt doch prima", sagt Herr Griesberg zu Sebastian. „Such schon mal alles zusammen. Kann mir nicht vorstellen, dass Frau Besenbinder was dagegen hat." Er wendet sich an die drei Mädchen: „Am besten, ihr fragt sie gleich."

„Machen wir", sagt Corinna und rennt mit ihren Freundinnen nach drinnen.

„Was sollen sie Besi denn fragen?", will Oskar wissen.

Herr Griesberg beugt sich vor. „Könnt ihr ein Geheimnis für euch behalten?", fragt er verschwörerisch.

„Ja, klar", versichern alle.

„Ich auch", sagt er augenzwinkernd.

„Menno", mault Leo noch einmal.

9. Kapitel

Zwei Wagen am Boden

Am nächsten Morgen fühlt sich Xaver wie gerädert. Während der Nacht ist er mehrmals mit dem verletzten Fuß gegen die Bettkante gestoßen und aufgewacht. Jetzt wartet er mit bangem Gefühl auf die Ärztin. Ob er eine weitere Nacht bleiben muss? Oder noch länger?

Vorhin hat ihm die Schwester das Stationstelefon gebracht. Seine Mutter war dran. „Mein armer, armer Junge", hat sie immer wieder gesagt. Am liebsten würde Frau Ippig Xaver auf der Stelle nach Hause holen. Aber das will er noch immer nicht. Selbst wenn er tatsächlich den ganzen Tag allein auf der Burg rumhängen müsste.

Nach dem Frühstück verlässt Xaver humpelnd das Zimmer, um auf dem Flur mit den Krücken zu üben. Es ist anstrengend und geht mächtig in die Arme. Trotzdem macht er hartnäckig weiter.

„Geht doch schon prima", lobt ihn die dürre Schwester.

„Davon bekommst du bestimmt dicke Muckis in den Armen", meint Tina, die ihn begleitet.

Endlich beginnt die Ärztin ihre Morgenvisite. Xaver kehrt schnell ins Zimmer zurück, um sie nicht zu verpassen. „Kann ich jetzt gehen?", fragt er, sobald die Ärztin zur Tür hereinkommt.

„Ist es wirklich so schlimm bei uns?", fragt sie freundlich und setzt sich auf die Bettkante.

„Na ja", sagt Xaver. Er will niemanden beleidigen.

„Ich weiß", meint die Ärztin, während sie vorsichtig seine Beule abtastet. „Es gibt Schöneres, als im Krankenhaus zu sein. Versprichst du mir, deinen Fuß zu schonen?"

Xaver nickt.

„Dann wollen wir den jungen Mann mal wieder zu seinen Freunden lassen", sagt sie zu Anna.

„Ich mach die Papiere fertig, dann können Sie ihn mitnehmen."

Xaver atmet tief durch. Er wendet sich ab, um unauffällig seine Augen trocken zu tupfen. Was ist er froh, dass er nicht länger im Krankenhaus bleiben muss!

Kaum hat sich die Ärztin von ihnen verabschiedet, bringt die Schwester erneut das Telefon ins Zimmer. „Frau Besenbinder", sagt sie und reicht Anna den Hörer.

„Guten Morgen", sagt Anna. „So weit ganz gut. – Was?" Anna schaut Xaver an. Sie wendet sich ab und geht zur Tür. „Weiß nicht. Ist wohl schwierig. Die Ärztin war schon da …", hört Xaver sie noch beim Hinausgehen sagen.

„Was ist denn jetzt los?", fragt Xaver.

Tina zuckt mit den Schultern. „Keine Ahnung."

Tausend Gedanken schießen Xaver durch den Kopf. Bestimmt haben sie auf der Röntgenaufnahme doch noch was gefunden. Die Ärztin hat es Besi gesagt und die bespricht jetzt mit Anna, wie es um ihn steht. Xaver macht ein Gesicht, als wäre er von Monstern, Vampiren und Werwölfen gleichzeitig bedroht.

Mit einem Lächeln auf dem Gesicht kommt Anna zurück.

„Was ist?", fragt Xaver mit belegter Stimme.

„Ganz liebe Grüße von Frau Besenbinder und den anderen", antwortet die Studentin. „Sie freuen sich auf euch." Anna zieht bedauernd die Stirn in Falten. „Hab allerdings gerade erfahren, dass es noch ein wenig dauert, bis wir gehen können. Zehn, halb elf wird es wohl werden."

„Wieso?", fragt Xaver.

„Die Ärztin wollte gerade die Unterlagen fertig machen, als sie dringend zu einem Patienten gerufen wurde", sagt Anna.

Xaver schließt die Augen und lehnt sich im Bett zurück. Soll er das glauben? Das stinkt doch nach einer Ausrede. Bestimmt geht es ihm schlechter, als man ihm sagt.

„Was ist denn plötzlich mit dir?", fragt Tina besorgt.

„Nichts", krächzt Xaver.

„Fertig zur Abfahrt, alle aufsteigen!", fordert Herr Griesberg derweil die Kinder auf. Eins nach dem anderen klettert auf den Heuwagen und setzt sich auf die Bänke, die auf der Ladefläche festgeschraubt sind. Der Zivi hält die eingespannten Pferde am Zaumzeug fest.

„Los-fah-ren! Los-fah-ren! Los-fah-ren!", rufen die Kinder.

Der Hausmeister hebt die Hände. „Bitte nicht, Kinder. Ihr macht mir sonst die Gäule scheu."

Endlich kommt die Lehrerin. Sie hat im Krankenhaus angerufen, um Anna zu sagen, dass sie mit Tina und Xaver dort warten soll.

„Anna weiß Bescheid", sagt Besi. „Die Ärztin hat Xaver zwar schon entlassen, aber Anna wird schon eine Ausrede finden, weshalb sie noch bleiben müssen."

„Das ist ja gelogen", sagt Frederike.

„Höchstens geschwindelt", widerspricht Pia. „Bei einer Überraschung darf man das."

Im Anschluss an die gestrige Nachtwanderung haben Besi, die Kinder und die Mitarbeiter von Burg Borkenstein beschlossen, anstelle des geplanten Museumsbesuches eine Kutschfahrt zum Stausee zu unternehmen – mit Zwischenstopp am Krankenhaus, versteht sich.

Damit Xaver trotz seines Hinkefußes überall dabei sein kann, haben Pia, Ilona, Oskar, Ulli und Leo dem Hausmeister am frühen Morgen

geholfen, die gebrochene Deichsel zu reparieren
und den Leiterwagen mit Decken und Kissen
auszupolstern. Das Xaver-Mobil steht hinten auf
dem Heuwagen.

Yvonne, Stefanie und Corinna haben den Heuwagen, auf dessen Ladefläche sechs hölzerne Sitz-

bänke befestigt sind, von Staub und Schmutz befreit. Der Wagen ist seit über einem halben Jahr nicht mehr benutzt worden und dementsprechend dreckig gewesen.

„Hüh", treibt der Hausmeister nun die Pferde an. „Wir wollen Xaver nicht länger warten lassen."

Herr Griesberg lenkt das Pferdefuhrwerk durchs obere Burgtor. Auf schmalen Wegen geht es zunächst durch den Wald, dann am Jägerstand vorbei und schließlich zwischen Äckern und Wiesen hindurch auf eine kleine Landstraße.

Die Strecke ist nicht nur schöner, sondern auch bedeutend kürzer als jene, die man mit dem Auto fahren muss, um zum Krankenhaus zu gelangen. Trotzdem dauert die Fahrt mit dem gemütlichen Pferdefuhrwerk über eine Stunde.

Diese Zeit verbringt Xaver hauptsächlich im Bett. Er versteht die Welt nicht mehr und hat sich die Decke über den Kopf gezogen. Erst darf er gehen, dann soll er wieder warten. Eins ist klar: Ihm wird etwas verheimlicht. Aber was? Weshalb hat sich seine Mutter bei ihrem morgendlichen Anruf immer noch so besorgt angehört? Genau wie gestern Abend. Gut, seine Mutter macht sich fast immer Sorgen. Aber er hat doch wirklich nichts Schlimmes. Oder ist vielleicht doch etwas mit seinem Kopf?

Xaver hört, dass die Tür aufgeht. Vermutlich Tina. Oder Anna. Die haben vorhin miteinander geflüstert und sich dann rausgeschlichen. Was soll die Heimlichtuerei?

„Xaver, bist du das? Was machst du denn noch hier?", spricht ihn die Ärztin an.

„Warum darf ich nicht gehen?", fragt Xaver durch die Bettdecke, ohne sich zu regen.

Er fühlt eine Hand auf seiner Schulter. „Wer sagt das denn?"

„Anna. Und Tina. Und Sie."

„Das verstehe ich jetzt nicht. Ich hab dir doch vorhin schon erlaubt zu gehen. Wenn ich mich nicht gerade gewundert hätte, dass deine Papiere noch auf meinem Schreibtisch liegen, wäre ich gar nicht gekommen."

Xaver zieht die Decke vom Gesicht. „Echt?"

Die Ärztin schaut ihn verwundert an. „Klar."

„Und ich dachte …"

„Was?"

„Ich dachte", antwortet Xaver erleichtert, „ich hätte was ganz Schlimmes."

Die Ärztin nimmt ihn fest in die Arme. „Aber Xaver, das hätte ich dir doch gesagt. Komm, wir sehen mal nach, warum sie dich hier hängen lassen."

Plötzlich hören sie von draußen klappernde Pferdehufe und singende Kinder. Die Ärztin steht auf und geht zum Fenster. Xaver humpelt auf seinen Krücken hinter ihr her.

„Ich glaube, ich weiß, was dahintersteckt", sagt die Ärztin. „Deine Klasse hat offenbar eine kleine Überraschung für dich vorbereitet."

Hinter ihnen fliegt die Tür auf. „Bist du immer noch nicht fertig, Xaver?", fragt Tina. „Wir wollen endlich zum See."

Auf seinen Krücken humpelt Xaver hinaus zum Pferdewagen. Er fühlt sich so, als wären Ostern, Weihnachten und sein Geburtstag auf einen Tag gefallen. Er darf während der Fahrt sogar neben Herrn Griesberg auf dem Kutschbock sitzen. Die Überraschung ist der Klasse 3a wahrhaftig gelungen. Vergessen ist Xavers Angst, dass er etwas ganz Schlimmes haben könnte.

„Und wer soll das Ding jetzt ziehen?", fragt Zacharias, nachdem sie den Parkplatz des Stausees erreicht haben.

Näher kommt Herr Griesberg mit dem Pferdefuhrwerk nicht an den See heran. Immerhin haben sie bis zum Bootssteg noch mehr als einen Kilometer zurückzulegen.

Zacharias zeigt auf das ausgepolsterte Xaver-Mobil. „Wenn Üppig drinsitzt, schafft das doch keiner."

Einmal mehr handelt sich Zacharias von allen Seiten giftige Blicke ein. Es hält jedoch niemand dagegen. Alle scheinen zu hoffen, dass Xaver, der mit Besis Hilfe als Letzter vom Wagen klettert, die neue Gemeinheit nicht mitbekommen hat.

Doch Xaver hat Zacharias' Worte sehr wohl gehört. „So eine Bohnenstange wie du schafft mich bestimmt nicht", sagt er und lässt sich in den Leiterwagen sinken.

Zacharias schnappt nach Luft. Dass Xaver Kontra gibt, hat er noch nie erlebt. Dann geht alles sehr schnell. Mit wenigen Schritten steht Zacharias vor Xaver. „Bohnenstange? Pass auf, was du sagst."

Zacharias bückt sich, nimmt die Deichsel und zieht Xaver hinter sich her. Vom Parkplatz bis zum Bootssteg. Die ganze, lange Strecke.

Leseprobe aus:

**Werner Färber, Total klasse!
Die 3a unter Verdacht**

Schulausgabe erschienen im
Hase und Igel Verlag, München
ISBN 978-3-86760-083-5
Begleitmaterial für Lehrkräfte
ISBN 978-3-86760-383-6

Anton öffnet vorsichtig die Tür und wirft einen
Blick in den Flur. „Beeilung, Putzig kann jeden
Moment auftauchen", raunt er Ulli und Jana zu.
Anton meint den Hausmeister. Der heißt eigentlich Pelzig und ist mit Sicherheit nicht damit ein-
verstanden, dass die drei gerade die Leiter aus der
Putzkammer entführen. Aber ohne Leiter kommen sie nicht an den Deckenhaken. Die Klassenzimmer des alten Schulgebäudes sind über drei
Meter hoch. Auf Zehenspitzen schleichen sie an
Putzigs Glaskabine vorbei. Mit dem Hausmeister
ist nicht gut Kirschen essen. Dass er Kinder nicht
ausstehen kann, ist kein Geheimnis. Und gegen
die von der 3a hat er eine ganz besondere Abnei-
gung entwickelt.

Schon als sie um die Ecke biegen, hören Anton,
Ulli und Jana, dass in ihrem Klassenzimmer am

Ende des Flurs das Leben tobt. Sie öffnen die Tür, der Lärm schwillt an. Die drei huschen ins Zimmer, um die Tür schnell wieder zu schließen.

Ein paar spielen Fangen über Tische und Stühle.

„Passt doch auf, wo ihr hintretet!", schimpft Frederike. Beinahe hätte einer ihr Pausenbrot platt gemacht.

„Halt die Klappe!", bekommt Frederike zur Antwort.

Dass es in der 3a hoch hergeht, ist normal. Schon als Erstklässler waren die Kinder kaum zu bändigen. Spätestens seit dem zweiten Schuljahr hat die Klasse den Ruf, der Schrecken der Grundschule zu sein. Zumindest beim Hausmeister. Aber auch mit anderen Klassen gab es Zoff. Vor allem die 4b kann es kaum ertragen, dass sich die Kinder der 3a mehr Gespräche zwischen Schulleiter und Eltern eingehandelt haben als sie. Sicher wird sich dieser Wettstreit zwischen den beiden Klassen auch in diesem Schuljahr fortsetzen.

Heute, am ersten Schultag nach den Sommerferien, ist die 3a gespannt auf die neue Lehrerin. Alle hoffen, dass sie netter ist als ihre Vorgängerin. Die konnte kaum jemand leiden. Während ein paar Kinder weiter durchs Zimmer turnen, beobachten die meisten anderen, wie Anton, Ulli und Jana die Leiter aufklappen und vor die Tür stellen. Benno füllt einen Eimer mit Wasser und Ilona entwirrt eine verknotete Schnur.

„Macht schon", drängt Ulli, der inzwischen auf der Leiter steht. Er lässt sich von Leo den Wassereimer reichen.

„Ups", sagt Ulli. Fast hätte er das Gleichgewicht verloren. Er stellt den Eimer auf das Regalbrett über der Tür, befestigt die entwirrte Schnur am Henkel und fädelt sie durch den Deckenhaken. An dem hing vergangenen Dezember der Adventskranz. Ulli lässt das lose Schnurende fallen. „An die Türklinke binden. Aber straff."

„Alles klar", sagt Jana. Sie zieht vorsichtig an der Schnur. Der Eimer rutscht ruckweise in Richtung Brettkante.

„So wird das nichts", sagt Ilona. „Der muss sofort umkippen, wenn man die Klinke drückt. Sonst merkt sie was."

„Und wenn wir hinten was unterlegen?", schlägt Jana vor.

„Spendier uns mal deinen Ratzefummel", sagt Anton zu Leo, der sich inzwischen hingesetzt hat.

„Ja klar, nimm ruhig", sagt Leo.

Frederike hockt mit düsterer Miene an ihrem Platz. „Ihr spinnt. Das könnt ihr nicht machen."

„Ach nein?" Ulli schiebt Leos Radiergummi von hinten unter den Eimer. „Zieh noch mal."

Jana zieht. Der Eimer rutscht nicht mehr, er kippt. Beinahe schwappt das Wasser über.

„Nicht so doll! Sonst taufen wir uns selber." Ulli springt von der Leiter.

Die meisten finden den Streich klasse. Ein paar nicht, aber die trauen sich nicht einzugreifen.

Anton steht mittlerweile Schmiere. „Sie kommt!" Die neue Lehrerin biegt auf dem Flur um die Ecke. „Putzig ist bei ihr."

„Echt?", fragt Ulli. „Wohin mit der Leiter?"

„Zum Fenster raus", kommandiert Benno. Zusammen mit Ulli wuchtet er die Leiter auf die Fensterbank. Jana drückt die Tür ins Schloss, ohne die Klinke zu benutzen. Sie setzt sich auf ihren Platz und kaut auf der Unterlippe. Anton bevorzugt seine Fingernägel. Die Leiter verhakt sich in den Ästen der Büsche vor dem Fenster. Ulli und Benno ziehen sie noch einmal herein und lassen sie dann etwas steiler hinunter.

Die Tür bleibt zu. Von draußen sind gedämpfte Stimmen zu hören. Die Türklinke senkt sich. Die

Schnur wird straffer. Die Tür geht noch immer nicht auf. Scheppernd fällt die Aluminiumleiter in die Büsche. Ulli und Benno hasten auf ihre Plätze. Ulli packt seine Schultasche auf den Tisch und verschanzt sich dahinter. Jetzt ist die Klinke unten. Noch ein winziger Ruck und der Eimer kippt. Die Tür geht auf. Einen Spaltbreit. Fünf Zentimeter. Die Schnur verliert an Spannung.

„Mist", raunt Anton.

„Sei froh", flüstert Gerit, sein Tischnachbar. „Putzig ist noch draußen."

Die Lehrerin unterhält sich noch immer mit dem Hausmeister. „Ich komme schon zurecht", sagt sie. Der Spalt wird breiter. Zehn Zentimeter.

„Denen müssen Sie von Anfang an zeigen, wer Chef im Ring ist."

„Chefin", korrigiert die Lehrerin.

„Wie? Ach ja, Chefin. Hauptsache, Sie setzen sich durch. Ihrer Vorgängerin sind sie auf der Nase herumgetanzt. Wenn die so weitermachen …"

„Was dann?", fragt die Lehrerin.

„… na ja. Sind eben alles Räuber. Da muss man ordentlich durchgreifen." Putzig redet absichtlich laut. Die Kinder sollen mitbekommen, dass er die Neue zur Strenge mahnt. Der Spalt ist inzwischen etwa zwanzig Zentimeter breit.

„Räuber?", fragt die Lehrerin. „Vielen Dank für den Hinweis, aber ich bin sicher, Sie übertreiben." Noch ein Stück, dreißig Zentimeter.

„Sie werden ja sehen", sagt der Hausmeister.

Während des Gesprächs hängt die Schnur immer weiter durch. Damit der Eimer noch kippt, müsste die Neue die Tür mittlerweile schon ganz aufreißen. Aber vielleicht klappt es ja beim Schließen. Die Kinder halten den Atem an.